AU PEUPLE.

PAROLES DE VÉRITÉ.

IMPRIMERIE   AULDE ET RENOU, RUE BAILLEUL, 9 et 11.

AU PEUPLE.

PAROLES DE VÉRITÉ

PAR

HONORÉ ARNOULD.

> JUSTICE et VÉRITÉ! voilà les premiers
> devoirs de l'homme; HUMANITÉ, PATRIE,
> voilà ses premières affections.
> (J.-J. ROUSSEAU.)

PARIS,

LAROCHE, MARCHAND PAPETIER, RUE DE PROVENCE, 30.

Et chez l'Auteur, 63, rue de la Paix, aux Batignolles.

—

1849.

AU PEUPLE!

PAROLES DE VÉRITÉ.

CE QUE JE SUIS, CE QUE JE VEUX.

L'expérience des autres ne nous sert point, dit-
on. Cet adage peut être vrai lorsqu'il s'agit des
passions de la jeunesse, mais à coup sûr il est men-
teur dans les choses essentielles de la vie. Quand
on arrive à un certain âge, il est bon de regarder
derrière soi, pour examiner la route qu'on a par-
courue, avant de continuer à marcher vers cette

énigme terrible de la destruction, terme inévitable de nos maux comme de nos joies.

Pauvre enfant du peuple, né sans fortune, mon berceau fut baigné des larmes de ma mère et des sueurs paternelles; je grandis en apprenant que, pour parvenir à une honnête aisance, il faut savoir s'imposer de dures privations, avoir du courage toujours, et ne désespérer jamais de la bonté de Dieu. Elevé dans une famille d'honnêtes gens, j'appris de bonne heure à régler mes désirs; j'appris que la richesse du pauvre est dans la modération de ses vœux, dans son travail et son économie. Au lieu de dépenser le fruit de mes travaux en jeux, en fêtes et en plaisirs souvent suivis de querelles et de regrets, j'employai ma jeunesse à me créer des ressources pour l'avenir; mes épargnes fructifièrent, je parvins à réunir une petite somme qui en produisit bientôt une plus grande, et enfin j'arrivai, après bien des vicissitudes, bien des nuits passées sans sommeil, à réaliser l'ambition de toute ma vie : je devins *propriétaire!* Mais je sais par quelle route difficile j'ai passé avant d'arriver là! Je sais tout ce que j'ai souffert, tout ce qu'il m'a fallu d'efforts pour vaincre le sort, et pour réparer le malheur de ma position!

Aujourd'hui je viens dire à mes frères :

« Voici ce que j'ai fait; — voici par quel moyen « je suis entré au port; — voici la conduite que

« j'ai tenue, — les dangers que j'ai évités, — les
« écueils où j'ai failli succomber ! Vous pouvez
« faire comme moi ; il ne s'agit que de le vouloir.
« Vous tenez le bonheur dans vos mains ; écoutez
« ma voix, c'est celle d'un ami, d'un frère ; c'est la
« voix d'un des vôtres, à qui toute la misère de
« votre vie est connue, — qui a pleuré toutes vos
« larmes , — senti tous vos chagrins, — éprouvé
« toutes vos humiliations !!! »

Assez de perturbateurs cherchent à vous égarer;
qu'au moins l'un de ceux qui vous aiment, vous pré-
serve. Dieu qui nous a créés tous égaux, nous a donné
à tous notre part de souffrance, mais à tous aussi
notre part de courage. Laissez-moi consoler ceux
qui souffrent et soutenir ceux qui luttent. Laissez-
moi tendre la main à ceux que de trompeuses paroles, que de mauvais exemples entraînent loin du
sentier du devoir. Je m'adresse surtout aux malheureux, aux faibles, à ceux dont le cœur brisé
abandonne l'espérance ; puissé-je arriver jusqu'à
eux ! ranimer leurs forces, leurs désirs, leur volonté de lutter pied à pied avec les ennemis de
leur avenir, les voir enfin heureux. Il ne serait pour
moi aucune récompense plus douce !

RELIGION.

Les sociétés civiles, avec leurs statuts et leurs réglements, leur police et leurs lois, seraient impuissantes à procurer le bonheur, si la Religion n'était là pour entretenir et consolider la bonne harmonie parmi les hommes. Dégagée de tout ce qui est terrestre, vain et futile, elle élève l'âme vers ce qui est céleste, solide et durable.

La Religion est le vœu formulé de la nature, l'expression de la loi divine elle-même ; elle est sortie de la main de Dieu pure et bienfaisante comme lui. Le véritable bonheur, la seule force, toutes les consolations de l'homme, sont dans la religion et la morale.

C'est parce que le principe religieux est oublié que tant de mauvais citoyens se font un jeu du salut de l'État et du bonheur du peuple.

Sans Religion, il est facile à l'homme de faire un pacte avec sa conscience sans crainte et sans remords. Qu'importe une mauvaise action à celui dont le mal est pour ainsi dire l'élément? Un cœur fermé à tout sentiment noble est étranger à toute autre inspiration qu'à celles qui viennent des objets de la terre. Ignorant tout ce qui peut tenir à quelque chose de grand et de généreux, à quelque chose qui porte un caractère de vertu, comment y pourrait-il germer une de ces idées qui tournent l'âme vers Dieu et lui ôtent la pensée du mal ?

La Religion est le plus ferme appui des sociétés; elle est le perfectionnement de la morale, dont les devoirs sont toujours imparfaits sans son autorité.

Qu'un peuple soit religieux, il est docile au joug des lois ; car cette docilité est une conséquence de ses principes. L'idée du devoir, fortifiée encore par le motif de la religion, aura elle-même plus de force et ne pourra qu'exercer un plus grand ascendant moral. Avec la Religion, l'État social se maintient par l'union qui existe entre les individus, et l'harmonie générale résulte de l'accord partiel et consciencieux des citoyens.

La Religion seule est capable d'élever l'âme, de grandir l'esprit, de parer le cœur, de fortifier et d'augmenter les nobles sentiments, de faire naître et de développer les grandes inspirations. Elle enseigne la vertu de la manière la plus efficace en la faisant aimer pour elle-même et en vue de Dieu, et non point en vue d'avantages humains. Elle nous prend au berceau, veille sur notre enfance; elle réprime la violence et les passions de la jeunesse; elle console l'infortuné et l'homme repentant; elle nous sourit et nous soutient au terme de la vie, et s'occupe encore de nous-mêmes après notre mort.

C'est la Religion, enfin, qui fait une loi de l'amour des parents, de l'attachement à la famille, du concours au bien général et de l'amour de l'humanité.

DE LA PROBITÉ.

La Probité est dans l'homme un sentiment naturel que toute éducation tend encore à fortifier; chez le plus grand nombre il résiste même à l'action corrosive et dissolvante de la misère. C'est l'honneur de l'humanité, et la preuve la plus éclatante qu'il y a en elle quelque chose de l'essence divine. Je ne veux donc pas dire que, pour faire régner la Probité dans le monde, il faille montrer à tous ce que la probité peut rapporter et rapporte; mais il y a des âmes faibles dont la trempe résiste mal aux tentations de la pauvreté, aux séductions de l'ambition et d'une fortune même modeste. Ce sont celles-là qu'il faut protéger, et contre lesquelles il faut aussi nous défendre.

Ces âmes faibles peuvent se laisser aller aux sé
ductions offertes par les apôtres des nouvelles doctrines. Elles peuvent croire aux promesses de ceux
qui leur disent : « Sans travailler vous pourriez
être riches ; sans travailler, et par la seule applica-
tion de nos systèmes, vous pourriez arriver à toutes les jouissances du luxe ; ces maisons, ces palais
que vous voyez, vous pourriez en devenir les maîtres ; vous seriez les égaux de ceux que l'ancienne
société avait placés au-dessus de vous. »

Langage hypocrite et perfide ! Les hommes qui
vous parlent ainsi veulent vous conduire à l'abîme,
et s'élever sur vos cadavres.

AIDE-TOI, JE T'AIDERAI !

Nous vivons à une époque où nous sommes tous
solidaires des destinées du pays, tous nous devons
apporter notre pierre à l'édifice social, concourir à
l'établir sur des bases solides, et le soutenir de tout
notre pouvoir, après avoir aidé à le construire. En
vain, les insensés et les factieux s'agitent autour de

nous, pour détruire ce que tant de siècles ont res-
pecté, la nation les repousse, elle veut l'ordre, le
repos, et le bien-être qui en découle infailliblement; et
pourtant, que de malheureux nous entourent! que
de misères se traînent sous nos yeux à chaque ins-
tant! que d'infortunes inconsolées et inconsolables
parce que la faim et le besoin ne s'apaisent que
par l'aumône! et l'aumône oublie souvent ceux qui
se taisent. Oh! tous les cœurs bienfaisants, toutes
les âmes charitables se brisent, en songeant au bien
qu'ils voudraient faire et qui leur échappe. La volonté la plus forte et la plus énergique est impuis-
sante devant les barrières qu'on lui oppose. On
souffre souvent par sa faute, on s'abandonne au dé-
sespoir, quand on trouverait le salut dans le courage et dans le travail. Il faut avoir plus de foi en
soi-même, plus de foi au divin maître qui nous a
dit : « *Aide-toi, je t'aiderai.* »

Cherchez, dans le travail, cet appui que la société
vous refuse, et vous le trouverez. On n'invoque jamais en vain le père de tous les hommes. Dieu
n'est-il pas là pour tous? sa main divine ne répand-
elle pas ses bienfaits sur toutes ses créatures? ne
nous chérit-il pas également? N'ayez foi qu'en
ceux qui vous aiment, ne croyez pas qui vous égare.
Apprenez donc à être heureux, et sachez conserver
votre bonheur, c'est là tout le secret de la vie; il
se résume en ces deux mots : PROBITÉ, TRAVAIL!

———————

DU TRAVAIL.

Franklin a dit :

— « L'oisiveté ressemble à la rouille; elle use beaucoup plus que le travail. La clef dont on se sert est toujours claire. »

Cette vérité est incontestable. Regardez autour de vous. Où trouverez-vous la force, la santé, la puissance de moyens? Chez les travailleurs. La paresse est une lèpre dont les effets se répandent à la fois sur l'âme et sur le corps. Elle engendre les vices et la maladie, souvent le crime, et toujours le malheur.

Le Travail est la source bienfaisante de la prospérité et de la richesse. Il y a du travail pour tous. La terre nourrit ses enfants. Ceux à qui les villes refusent de l'ouvrage en trouveront dans les campagnes. L'agriculture, si négligée, si abandonnée, dans un pays riche comme le nôtre, a de quoi suffire à tous les besoins. Prenez la herse et la charrue, labourez nos champs fertiles, ensemencez nos terres, demandez à la vie des champs ce que la vie des cités ne peut vous donner en ces moments de troubles et de bouleversements.

DROIT AU TRAVAIL.

Gardez-vous surtout de ces théories dévasta—trices qui ne tendent qu'à vous égarer et à vous perdre ; gardez-vous de ces chimères de *Droit au travail*, dont on a voulu vous bercer, pour vous détourner de la voie honnête.

Non, le travail n'est point un droit ; c'est une obligation. Tous nous devons travailler, il n'y a pas d'exception. Nous naissons tous obligés au travail, riches et pauvres nous ne pouvons nous soustraire à cette loi commune. C'est une tâche nécessaire à l'ordre et à l'harmonie de la société.

Pourquoi le travail serait-il un droit?

Pourquoi l'État, obéré par tant de charges indispensables, serait-il tenu d'accepter des services intéressés? d'ordonner des travaux dont il n'aurait pas l'écoulement?

Ce ne sont pas les travaux qui manquent, ce sont les acheteurs, les consommateurs ; et les consommateurs, les acheteurs manquent, parce qu'il n'y a plus de confiance, parce que les ouvriers, entraînés par de mauvais conseils, au lieu de reprendre le chemin de l'atelier, de la fabrique, parcourent nos rues en désordre, vont aux clubs, prêtent l'oreille aux doctrines pernicieuses, oublient leurs devoirs, leurs habitudes laborieuses. Les riches ont peur, les médiocres fortunes deviennent la pauvreté, l'argent se resserre, le crédit s'en va, et la misère arrive.

On aura beau organiser le travail, toutes les organisations du monde ne donneront pas un écoulement aux produits, si cet écoulement n'existe pas. Avec vos théories d'organisation, vous encombrerez les magasins du gouvernement, mais vous dilapiderez le trésor public, et vous ruinerez les fabricants. Il ne faut pas avoir une intelligence extraordinaire pour comprendre cela. Il n'y a pas d'État, si riche qu'il soit, qui puisse faire face à de semblables dépenses.

Voulez-vous retrouver de l'ouvrage? un peu d'aisance? Eh mon Dieu ! vous le pouvez. Le moyen est fort simple et très facile à mettre en pratique : que la tranquillité renaisse, que la confiance se rétablisse; aussitôt, comme par enchantement, l'aisance reviendra avec elle. Vous verrez les commandes se multiplier, les marchandises s'écouler rapidement, toutes les industries refleurir.

RICHESSE ET PAUVRETÉ.

Pauvres, ne portez pas envie aux riches, et vous, riches, ne méprisez pas le pauvre; car le pauvre est, comme vous, plus que vous peut-être, l'enfant de Dieu.

Le progrès des idées, le nivellement des positions, nous placent tous sur la même ligne devant la société. Ce que l'un dépense, l'autre le recueille. La fortune, nuage d'or élevé au-dessus de la foule par le soleil de la prospérité, doit retomber sur elle en pluie monnayée. Il doit y avoir un perpétuel échange du travail de celui qui n'a rien, contre la fantaisie et l'argent de celui qui possède.

On ne se figure pas par quels ruisseaux invisibles et divisés à l'infini, l'or du riche élégant et fantasque va trouver l'artiste et l'ouvrier nécessiteux. Si les riches ne jetaient pas l'argent pour se donner un bonheur factice, vous n'auriez pas vous, artistes laborieux, un bonheur réel. Les bals, les fêtes, par exemple, font vivre une quantité d'ouvriers. La toilette des femmes exige des couturières, des modistes, des fleuristes, des gantières, des brodeuses, des fabricants de dentelles, des cardeurs de soie, des tisserands, des bijoutiers, des coiffeurs, que sais-je, moi? Les hommes emploient des tailleurs, des chapeliers, des bottiers, des lingères. Il faut, pour les beaux appartements, des tapissiers, des menuisiers, des ébénistes, des doreurs, des fournisseurs de toutes sortes.

Je ne parle pas des comestibles, des fruits, des fleurs, indispensables compléments d'une fête bien ordonnée. Sans ces dépenses que les esprits moroses, ou peu réfléchis, traitent d'extravagances, que deviendraient le commerce et l'industrie? Qui vous ferait travailler? et de quoi vivriez-vous? où trouveriez-vous le moyen de nourrir vos femmes et vos enfants? de vous donner, à votre tour, ces fêtes modestes du dimanche, où entourés de votre famille, vous jouissez tranquillement d'un repos que le travail de la semaine vous rend plus précieux et plus cher?

Dans la gaîté du riche, vous puisez votre joie; de ses repas splendides, vous obtenez vos repas si joyeux, et souvent bien plus que ne le pourraient être les dîners d'étiquette. Vos rires et vos chansons valent mieux que la cérémonie. Ne vous plaignez pas de votre lot; appliquez-vous à le rendre meilleur encore, vous le pouvez. Sachez borner vos désirs; le travail et la bonne conduite vous apporteront de quoi les satisfaire tous. Vous serez alors plus puissant que les rois du monde, car vous aurez réalisé vos vœux, et bien peu d'entre eux, mal-

gré leurs richesses, ont le même avantage ; ils rêvent presque toujours au delà de ce qu'ils ont. C'est
une grande richesse qu'une pauvreté conforme à la
nature , et qui ne va pas jusqu'à la faire souffrir,
qu'une pauvreté que le contentement intérieur accompagne. Quand on posséderait le monde entier,
si l'on est pas satisfait de sa fortune, on est encore
pauvre et misérable.

CE QUE DIEU A FAIT EST BIEN FAIT.

Non, la société n'est pas mal faite ; elle est
l'œuvre de Dieu plutôt que celle des hommes ; elle
est équilibrée sur les vérités de la religion et sur
celles de la morale. Les uns ont les souffrances de
la pauvreté, les autres les souffrances de la fortune,
et celles-ci, pour n'être pas les plus apparentes,
n'en sont pas les moins réelles.

Dieu est juste et bon ; il envoie à l'indigent,
comme aux heureux du siècle, le soleil, — les
fleurs, — le sourire des enfants, — les joies de la

famille ; il donne à tous un cœur pour aimer, une âme pour comprendre le bien, pour le mettre en pratique, et souvent la main bienfaisante qui s'ouvre pleine d'or à la porte des chaumières, essuie plus de larmes que celles qui le reçoivent.

Soyons donc satisfaits de notre sort, quel qu'il soit. — Prions, travaillons, aimons-nous. — Espérons en une vie meilleure qui récompensera ceux qui souffrent tant en celle-ci.

LIBERTÉ. — LICENCE.

On vous prêche la Liberté ; — on crie vive la Liberté ! Eh ! sans doute, c'est une bien belle chose que la Liberté, mais ce nom le plus saint et le plus sacré de tous, le comprenons-nous tous comme il veut, comme il doit être compris ? Faute de bien définir le mot, n'abusons pas de la chose. Entendons-nous. *Liberté* ne veut pas dire *Licence*. Parce que nous sommes citoyens, serons-nous pour cela libres d'agir comme des sauvages ou comme des brutes ? Pour que la Liberté ne soit pas le don le plus funeste que Dieu ait pu faire aux hommes, il faut qu'elle soit conforme à l'ordre. L'ordre et la Liberté doivent être inséparables. Si nos actions font rougir la raison, nous souillons notre caractère d'hommes libres; si nous commettons une injustice envers quelqu'un, nous usons moins de notre liberté que nous ne nuisons à celle d'autrui.

L'ordre dans la Liberté ! voilà ce que nous devons vouloir; hors de cette alliance fondamentale, il n'y a pas de route pacifique, sûre, populaire, où nous puissions nous engager, pressés que nous sommes, cependant, de pousser plus avant et d'atteindre un avenir meilleur. Ce qu'il faut vouloir, c'est l'oubli des querelles anciennes, des haines, des préventions, car aujourd'hui plus que jamais nous avons besoin de conciliation, d'union, de force, pour que le progrès sage, hardi, puisse atteindre les solutions réelles. Chaque fois que l'ordre sera troublé, chaque fois que nous rallumerons le flambeau de la discorde, la question sociale s'éloignera de sa réalisation, et nous reculerons ce bien-être auquel nous aspirons tous.

L'homme est incapable d'une Liberté sans bornes, sa nature ne comporte pas, à la fois, qu'il vive libre et au milieu de ses semblables; ils ont trop de passions qui leur seraient réciproquement funestes. Il faut qu'elles soient réprimées par le frein des lois.

Si tous les citoyens comprenaient bien de quel

avantage sont les bonnes mœurs à la République, s'ils avaient sur eux-mêmes assez d'empire pour réprimer leurs passions et leurs vices, aucun d'eux ne craindrait qu'on vînt apporter la corruption au sein de sa famille. Si tous voulaient être justes par le sentiment profond des maux que doit faire éprouver à l'État l'injustice de ses membres, nul ne craindrait les trames sourdes, ni les entreprises violentes des ennemis du repos public.

Ainsi, les hommes resteraient toujours dans un état de Liberté parfait, et se gouverneraient très bien eux-mêmes ; mais, au contraire, dans les associations des hommes, les besoins sont pressants et difficiles à satisfaire, les passions véhémentes ; celui qui peut arracher à son voisin la subsistance qui lui coûterait plus à acquérir autrement, ne se refusera pas la douceur de contenter ses appétits par les moyens les plus faciles. De là un cruel état de guerre de citoyens contre citoyens ; de là l'idée de la justice et l'établissement d'un pouvoir capable de la faire respecter.

La vraie Liberté consiste à faire ce que l'on veut, pourvu que cette volonté soit honnête et non contraire aux intérêts de l'Etat.

Fermez l'oreille à la voix téméraire de ceux qui veulent détruire toute subordination, qui appellent sans cesse les hommes à la Liberté ; ils ne la comprennent pas. La Liberté est la première de toutes les puissances, mais la Licence est le plus redoutable des fléaux.

La société ne serait qu'un informe chaos si elle n'était subordonnée à un pouvoir qui la dirige. C'est donc un devoir de la soumettre à cette puissance et de sacrifier l'amour de la Liberté, cet instinct si vif et si impérieux, à l'amour de la paix et de l'ordre, à l'utilité générale, à notre propre intérêt.

Le bon citoyen sait se soumettre aux lois du pays, accomplit religieusement les devoirs que ce titre lui impose, se prive de la faculté de bien des actes agréables, et qui, même, rapporteraient quelquefois des avantages personnels ; il ne vit pas pour lui, mais pour coopérer au bien général et pour le partager.

ÉGALITÉ.

Que signifie ce mot ? une chimère inventée par le pauvre et le faible qui portent envie à l'homme riche et puissant qu'ils croient plus heureux qu'eux ! Devant Dieu et devant la loi, oui, tous les hommes sont et naissent égaux ; — il y a pour toutes les conditions une dose à peu près égale de plaisir et de douleur, voilà notre véritable égalité.

Autrement, il n'y a rien d'égal dans la nature. Une société d'hommes parfaitement égaux en fortune, en talents, tomberait bientôt dans une inertie pire que la mort. Est-ce que, par exemple, dans une famille, le père n'a pas sur ses enfants une supériorité qui tient de l'empire et de l'expérience ? Est-ce que les aînés n'ont pas sur leurs frères plus jeunes, une espèce de suprématie naturelle par les qualités acquises et par l'âge ? Y a-t-il dans les champs un épi de blé pareil à l'autre ? Cherchez deux brins d'herbe d'égale structure, deux arbres de même conformation, deux jumeaux d'égal physique, de caractère, de penchants identiques : vous n'en trouverez point. Comment donc, si l'Égalité n'existe pas dans la nature, dans la famille, voulez-vous la retrouver dans un État ? Les hommes ne sont ni physiquement, ni moralement égaux. Les vertus, les talents utiles mettent seuls, entre les citoyens, une véritable différence. Celui qui a moins de force, a souvent plus d'industrie ; celui qui a moins de fortune a souvent plus de qualités.

Il faut, dans la société habituelle, des rapports de sentiments, de vues, de connaissances qui ne se trouvent pas entre les hommes de professions inégales. La franchise grossière du pauvre jurerait avec la fausseté polie du riche. — La naïve impéritie de l'homme du peuple, s'accorderait mal avec l'érudite igno-rance du savant. — Les simples préjugés du petit marchand ne sont pas les préjugés réfléchis du philosophe. A chacun son lot ; Dieu l'a voulu ainsi.

Entendez-vous par *Égalité* le nivellement des fortunes? Voudriez-vous que le paresseux, l'igno-rant, le débauché, partageassent le pain de l'ou-vrier laborieux, de l'honnête père de famille, l'é-pargne de l'artisan qui a vécu d'économie et de pri-vations, afin qu'un jour ces épargnes lui assurent une modeste existence quand l'âge et les infirmités ne lui permettront plus de travailler ?

Est-ce l'or du riche que vous convoitez ? Sont-ce les châteaux et les maisons des grands, leur luxe et leurs parures que vous désirez partager? Eh bien, soit ! Essayez de commettre cette horrible et téméraire iniquité. Egalisez les biens, distribuez-vous les terres, vous verrez la nature elle-même se révolter contre ce vain effort, l'équilibre se rompre bientôt, et revenir après une courte succession de temps, la grande richesse et la grande misère.

Ne vous laissez pas séduire par les prédications de ces doctrines subversives. Ceux qui n'ont rien acquis n'ont conséquemment rien à perdre, ce sont précisément ceux-là qui voudraient s'enrichir aux dépens des gens laborieux et économes. Le travail les effraie. Une fortune toute faite leur sourit davantage. Véritables frêlons de la ruche sociale, ils veulent s'engraisser du butin de l'industrieuse abeille.

FRATERNITÉ. ÉGOISME.

La révolution de Février 1848 a mis en relief ces trois mots que nous lisons sur les frontons de nos édifices publics, en tête des lettres administratives et des actes de l'autorité : *Liberté, Egalité, Fraternité !*

C'est fort bien sans doute de rappeler aux hommes qu'ils sont *libres, égaux* et *frères*. Mais malheureusement tout se borne à ces trois mots. Les paroles du divin Maître : *Aimez-vous les uns les autres* doivent faire la loi suprème de la société. L'Évangile doit être le premier code de la démocratie.

Que chacun de nous se fasse des concessions réciproques; que beaucoup d'hommes de bonne foi, divisés jusqu'ici par le triste esprit des querelles politiques, comprennent enfin que leurs intérêts, que leurs secrets désirs sont les mêmes ; que les mots plutôt que les choses les séparent encore ; qu'ils doivent se hâter de s'unir pour se prêter un mutuel secours. Discutons sans aigreur, soyons calmes et bienveillants, bannissons toutes récriminations, unissons-nous dans une sainte croisade contre la misère, le vice et l'ignorance. Que le riche ne ferme ni son cœur, ni sa bourse ; que son or aille trouver le pauvre ouvrier de nos villes et glisse dans la besace du mendiant, avec quelques mots d'encouragement et quelques conseils. Aide et protection à la triste veuve, qui n'a plus sur la terre ni appui, ni consolation ; à l'orphelin, qui pleure et crie la faim. Ayons des entrailles pour ces privilégiés de la souffrance à qui le fardeau de la vie est si lourd.

Relevons les cœurs flétris par l'injustice et les humiliations. Apprenons à pardonner. C'est alors seulement que nous pourrons, sans amère dérision, écrire sur la porte de notre demeure : *Fraternité*, parce qu'alors tout homme qui aura besoin et qui frappera à cette porte, sera assuré de trouver une place au foyer, la nourriture du corps, un cœur pour l'aimer, une voix pour le relever et l'absoudre. Fuyons ce vice odieux, le plus contraire à l'avenir du genre humain ; fuyons l'Égoïsme, cette lèpre sociale qui paralyse les élans les plus généreux de la nature, l'égoïsme qui de la grande famille du genre humain ferait une réunion d'êtres inutiles, des branches mortes d'un tronc gangréné.

Vouloir jouir sans cesse aux dépens d'autrui est un faux calcul d'où résultent les haines, les vengeances. Partager son bien-être, ses jouissances, c'est décupler son existence, c'est jouir doublement. L'égoïste se rit des tortures du pauvre, il rompt tous les liens de la société et brise les instruments du travail qui fait vivre l'artisan ; il éteint en lui la patience et la résignation, ces deux hauts savoirs du malheur. Il sème le vice et la corruption dans la famille ; il ferme le ciel à ceux que l'orateur chrétien nommait les *vrais amis de son Dieu*, et il en fait des démons de cupidité, d'envie et de haine !

FAMILLE. — PROPRIÉTÉ.

La Famille et la Propriété sont les bases fondamentales de la stabilité d'un Etat et de la félicité publique. La Propriété représente, dans sa généralité, la richesse amassée par le travail des générations ou des individus ; c'est un effet qui a pour cause la fatigue et l'économie ; il est donc juste que les efforts de l'homme, et ses soins, et ses peines, et ses angoisses, et ses privations qui se métamorphosent un jour au bout d'une longue carrière, et qui prennent la forme de la Propriété, soient entourés de cette inviolabilité qui est le caractère des récompenses méritées. Sans une garantie tutélaire, le riche tombe dans la misère et le pauvre n'atteint jamais à la richesse. « C'est la garantie de la Propriété, dit Bentham qui a vaincu l'aversion naturelle de l'homme pour le travail, qui lui a donné l'empire de la terre, qui lui a assuré une demeure fixe, permanente, qui a fait germer dans son cœur l'amour du pays et de la Propriété. Jouir promptement, jouir sans travailler est une inclination naturelle à tous les hommes. Ce penchant pousserait sans cesse, si la société n'y mettait un frein, tous ceux qui n'ont rien, à s'armer contre ceux qui ont quelque chose. Or, la loi qui restreint une inclination aussi destructive, qui assure à chaque individu la jouissance paisible des fruits de son industrie, est l'œuvre la plus glorieuse de la sagesse législative, le triomphe le plus noble dont l'humanité ait à se glorifier. Plus le nombre des propriétaires augmentera dans un pays, plus la Propriété s'étendra. C'est le fondement de toute l'harmonie sociale. »

Avec ce principe tout se moralise, se coordonne, se lie, se soutient. Aux désordres d'une vie incertaine et aventureuse, succède une vie réglée, la vie de famille ; le soin de l'avenir remplace l'insouciance et le mépris des besoins futurs ; l'esprit d'économie et de réserve fait disparaître les folles prodigalités, et l'affermissement de l'ordre social met à l'abri des agitations sourdes et incessantes que produit la situation des hommes qu'aucun lien particulier ne rattache à la fortune publique. Les théories contraires, dont quelques hommes aveugles, orgueilleux ou insensés ont essayé de vous bercer depuis la révolution de février, sont sauvages, subversives, et vous plongeraient bientôt dans la barbarie du moyen-âge !!!......

L'homme doit vivre en société ; Dieu lui a donné les liens du sang, ceux de l'affection, pour former cette union générale qu'il voulait établir. Tous les peuples ont besoin de l'ordre, tous les peuples ont besoin d'un gouvernement sage et modéré qui règle leurs destinées. Après un bouleversement pareil à celui qui nous a frappés, nous en sentons plus que jamais la nécessité impérieuse. Toute l'économie de la société est fondée sur un principe : *je veux être heureux !* Mais nous vivons avec des hommes qui veulent l'être également, et nous devons tous chercher les moyens de nous procurer mutuellement le bonheur tant rêvé, en contribuant à celui des autres, ou du moins en n'y mettant aucun obstacle. Il n'est point de parfait bonheur en ce monde, mais il est une parfaite satisfaction qui consiste en l'observation stricte de tous ses devoirs, tant envers Dieu, qu'envers soi et envers les autres.

Si l'humanité est gravée au fond de nos cœurs, l'égoïsme peut l'étouffer chez certaines natures, mais la pitié et la reconnaissance le domineront presque toujours, si nous écoutons leurs voix. On est heureux soi-même du bonheur qu'on répand, des chagrins qu'on console, des misères qu'on soulage; les larmes qu'on essuie empêchent les nôtres de couler. Nous avons tous un besoin réel d'affection : quel tableau touchant nous offre une famille bien unie, s'aidant à supporter mutuellement les douleurs inséparables de notre imparfaite nature, se soutenant par la force, par le courage, par la résignation communs à tous ! leurs efforts réunis contribuent au bonheur de chacun, au bonheur de la société tout entière.

PAIX ET GUERRE.

Devons-nous désirer la Guerre?

Non. — Les peuples n'ont jamais rien à gagner aux guerres qu'ils se font, de même qu'ils perdent toujours à rester au fond des abîmes révolutionnaires.

Plus de guerres! plus de révolutions! L'humanité souffre et gémit, — les mœurs se corrompent, — la religion s'altère, — l'homme s'endurcit, — les arts et le commerce languissent.

Quel spectacle pour un philosophe chrétien! pour un homme sensé, de voir deux armées, en présence l'une de l'autre, attendre avec impatience le signal du combat!

Il est donné ce signal meurtrier et criminel! La mitraille porte la mort de toutes parts, on s'attaque avec fureur, le sang coule à flots, la voix des blessés et des mourants est couverte par les tambours, — par les cris, — par le canon. De chaque côté, des chefs belliqueux excitent les soldats, leur donnent l'exemple. Enfin, l'une des deux armées est vaincue.... on la poursuit à outrance. Dix, vingt, trente mille hommes ont été égorgés de part et d'autre; et, le lendemain, les triomphateurs vont rendre grâce à Dieu d'avoir remporté la victoire! Quelle dérision! quel outrage à la divinité! Eh quoi! vous vous imaginez que le père commun de tous les hommes a combattu dans vos rangs, et que le sang de tant de victimes est pour lui comme un pur encens? Vous invoquez le courroux du ciel contre des peuples innocents, contre vos frères! O abomination!

Quand donc une voix formidable et puissante sortira-t-elle du sein de Sion pour proclamer cette vérité étincelante, qu'une Guerre, entre des peuples civilisés, est une calamité publique, un crime de lèse-humanité?

Ah! si de nouveaux Goths, si des Vandales venaient pour s'emparer de nos champs, nous arracher nos femmes et nos enfants, que la nation toute entière se lève, s'arme, combatte, soit victorieuse ou périsse vaillamment, je le conçois, je serai le premier à crier aux armes! et à marcher à l'ennemi.

Mais moi, gros Allemand, paisible Suédois, bon Savoyard, insouciant Espagnol, industrieux Anglais, vous m'arrachez à mes travaux agricoles, à

mes ateliers ou à mon indolence, pour que j'aill
combattre des voisins que j'estime, que j'aime! E.
pourquoi cela? Parce que ces peuples ont modifi⁴
leur constitution, — parce qu'ils ont déclaré que
les hommes naissent libres, qu'ils sont égaux aux
yeux de la loi, — que les impôts doivent être payés
par tous indistinctement. N'est-ce pas une bien
cruelle absurdité? — Admirons plutôt, félicitons les
peuples qui sont en possession de ces biens inesti-
mables, et n'allons pas les combattre!

A quoi servent ces nombreuses armées répandues
sur la surface du globe? A troubler le repos du
monde, à perpétuer les haines nationales, à retarder
la civilisation européenne, à donner, à quelques
conquérants, le spectacle cruel de ces combats hor-
ribles où l'homme tue son semblable pour le bon
plaisir d'un ministre égoïste, entêté, ignorant ou
félon !

Peuples, formez une sainte alliance, et vous vivrez
heureux, en paix !

Les peuples sont frères, — leurs intérêts sont
les mêmes, ils ne feraient qu'une même famille si
les ministres des rois n'étaient point intéressés à les
désunir. Le système de Paix, ce grand règne des
principes humanitaires qui rapproche les nations
les unes des autres, est l'élément le plus fécond de
la prospérité publique.

L'honneur des peuples consiste à fraterniser, et non pas à s'entre-détruire. L'humanité gagne toujours à la permanence de la Paix.

Le christianisme a voulu que les hommes fussent frères.

La révolution française veut que toutes les nations soient sœurs.

Nous devons donc prêter notre appui, notre concours au gouvernement qui assure l'avenir de nos institutions, au gouvernement qui les consolide.

Nous devons vouloir la Paix si nous aimons notre pays, parce que la Paix en développe les richesses. Paix et liberté ! Voilà le cri de ralliement des véritables amis du sage progrès, — des amis de l'ordre, — de la solide gloire, de la prospérité de la France.

Les brouillons politiques, les ennemis de l'État, demandent la Guerre ; — leur essence est de pousser sans cesse au renversement de tout gouvernement établi. Fauteurs de troubles et de désordres, ils ne rêvent que batailles. Suivez leurs conseils, faites la guerre, mettez le pays en danger, ils resteront chez eux.... La liberté, dont ils ont profané le saint nom, gémit inféconde et muselée.... que leur importe? L'anarchie règne; ils sont heureux!

VERTUS QU'IL FAUT AVOIR.

Les principales vertus, d'où découlent toutes les autres, sont la prudence, la justice, la force et la tempérance.

PRUDENCE.

- La Prudence nous fait prévoir les conséquences funestes de nos actions ; elle suspend la précipitation de nos jugements, dissipe nos illusions ; elle règle nos sentiments, nous fait distinguer le juste de l'injuste ; elle apprécie ce que les circonstances doivent rendre convenable ou repousser.

JUSTICE.

La Justice rend à chacun ce qui lui appartient, malgré les pertes, malgré les dangers qui pourraient en résulter pour nous. La Justice exige que nous rendions bienfait pour bienfait, et non injure pour injure. La meilleure manière de se venger d'une injure est de la pardonner. La générosité et la clémence sont des vertus divines; elles nous rendent l'image de Dieu sur la terre. Tout homme doit se rendre tel qu'il désire trouver ses semblables. Il doit être juste, puisqu'il désire n'être entouré que d'hommes justes. Chacun est intéressé à la conservation de ses biens; chacun doit donc être intéressé aussi à la sûreté des biens de tous, puisque c'est la sécurité générale qui fait celle des particuliers.

De même que si, dans le corps, chaque membre, pour augmenter sa vigueur, attirait à lui la force du membre voisin, il faudrait bientôt que le corps entier, épuisé, mourût, ainsi, lorsque chacun voudra s'emparer des avantages des autres, la société humaine ne pourra plus se soutenir, et tombera.

Les conventions, les engagements par lesquels un homme prête pour retirer, — sème pour recueillir, — donne son temps, — son travail, — moyennant une estimation convenue, sont des choses sacrées. Ce sont les principaux liens de l'union politique. Celui qui refuse de satisfaire à ses engagements, quels qu'ils soient, pourvu qu'ils ne blessent ni l'intérêt de la société, ni l'intérêt de la justice, commet une iniquité, trouble l'ordre de l'association. C'est un mauvais citoyen.

FORCE.

La Force est la grandeur d'âme. Elle ne se laisse séduire ni par la cupidité, ni par l'ambition. Elle veut le bien pour le bien, elle le veut avant tout et à tout prix, rien ne lui coûte pour l'accomplir. Elle ne se laisse effrayer par aucun obstacle, afin d'arriver au but qu'elle veut atteindre. Elle supporte avec résignation les épreuves de la vie, elle reste calme au milieu de l'orage, parce qu'elle s'appuie à la fois sur les deux mobiles les plus inébranlables : Dieu et la conscience de sa propre valeur.

TEMPÉRANCE.

La Tempérance répand le calme dans les esprits et nous fait prendre la raison pour guide ; elle comprend la modestie, la paix que nous donne l'absence des passions et de tout excès. Celui qui obéit à son corps ne jouit point de sa liberté ; il a autant de maîtres qu'il a d'instincts brutaux, et souvent tous commandent à la fois. Il est honteux de manger et de boire avec intempérance. L'excès du vin produit l'ivresse, l'ivresse engendre les vices de toutes sortes ; elle engendre les querelles, et les querelles amènent les accidents, les duels, les meurtres. Tâchez de conserver votre corps sain et exempt d'infirmités, afin de vivre longtemps et d'être long-temps utile. — Évitez tous les excès, même ceux du travail ; il ne vous est pas plus permis d'abréger vos jours pour un bon motif, que pour un mauvais. Vous êtes responsable à votre Créateur de l'existence qu'il vous a donnée. L'intempérance excite les passions. Le corps a besoin de toutes ses forces pour obéir à l'âme. Un bon serviteur doit être robuste.

COURAGE.

Il y a aussi loin du véritable Courage à la témérité que de la lâcheté au Courage. Soyez brave, — tout Français l'est en naissant, — mais soyez calme dans votre emportement, si je puis m'exprimer ainsi. Défendez vos foyers, votre patrie, vos familles, l'ordre et les lois établies ; marchez contre l'ennemi, contre les factieux, donnez jusqu'à la dernière goutte de votre sang pour la cause sacrée du pays, et ne regrettez pas la vie ensuite : vous aurez dignement mérité la gloire et la reconnaissance de tous.

Il est une autre espèce de Courage : c'est celui

de l'âme. Il consiste à n'être arrêté par aucune crainte dans l'accomplissement de ses devoirs, à supporter les maux qui nous arrivent, à ne pas se laisser vaincre par les difficultés qui s'opposent à des projets honnêtes, à savoir garder son sentiment quand il est conforme à la raison.

Il faut travailler de bonne heure à armer son âme de fermeté. Que de fautes nous commettons par faiblesse ! combien d'hommes ont été coupables, tout en détestant le vice ! On manque à la vertu qu'on aime pour ne pas savoir résister à de faux amis qu'on n'aime pas ! On se laisse entraîner par des protecteurs dont les services ne rendront jamais le bonheur d'une conscience satisfaite, et n'ôteront pas le poids accablant du remords.

Celui qui saura borner ses désirs rendra plus rares les occasions de manquer de Courage, et s'épargnera de longues douleurs.

ÉCONOMIE. — PRÉVOYANCE.

Le travail, pour être fructueux, doit être suivi de l'Économie et de la Prévoyance. L'une et l'autre nous amènent au résultat le plus désirable, à la propriété. Celui qui possède est rarement ennemi de la tranquillité ; il veut conserver le prix de ses sueurs et de ses veilles ; il veut transmettre à ses enfants ce qu'il a conquis pour leur avenir. Quel bonheur pour lui, à la fin de ses jours, de se voir entouré d'une famille chérie, de surveiller les travaux auxquels son âge se refuse, de vivre au milieu des champs qui lui appartiennent, des prairies où il a tant de fois reposé à l'ardeur du soleil, sous le toit qu'il a bâti, sur le sol qui l'a vu naître !

Près de ce tableau de joies, voyez au contraire celui que la paresse conduira à la misère, voyez sa femme et ses enfants dispersés, mendiant leur pain, ou le gagnant péniblement chez les étrangers ; voyez sa vieillesse abandonnée, voyez sa santé détruite, sa fin solitaire, sa mémoire oubliée, si elle n'est honnie de tous. Comparez ces deux existences, et choisissez !

LOIS.

« Tout est bien, dit Rousseau, sortant des mains du Créateur ; tout se gâte entre les mains des hommes. » Je dirai, moi, tous les principes des gouvernements, tous les codes sont bons, toutes les chartes sont bonnes du moment où ils émanent de l'autorité qui doit les créer. Mais tout se gâte, tout se corrompt, tout se pervertit quand l'homme veut approprier les principes, les codes et les chartes aux vues particulières qui le dirigent.

Une Loi est bonne quand elle est utile à la société, quoiqu'elle puisse léser des particuliers.

Celui qui est gêné dans ses désirs par une Loi se plaint de sa rigueur ; il se plaindrait bien davantage si on laissait un libre cours aux désirs insensés des méchants. Ne méprisez pas votre patrie, parce que vous en entendez critiquer la législation, parce que des rêveurs conseillent de la changer. Une Loi qui n'est pas inspirée par la justice, qui ne tend pas à l'intérêt social, n'est pas une véritable Loi ; c'est un acte de caprice ou de tyrannie. Sans la force des Lois, personne ne pourrait être paisible dans ses jouissances. Elle assure la possession, la vie même des citoyens.

Les Lois sont donc la stabilité, la puissance de la morale et de la société. Soumettons-nous aux Lois; tenons pour sacrés les droits qu'elles nous donnent, et ne nous exemptons sous aucun prétexte des obligations qu'elles nous imposent !

SUFFRAGE UNIVERSEL. — ÉLECTIONS.]

Nous sommes appelés à faire nous-mêmes notre destinée. Le Suffrage universel a remis dans nos mains l'avenir de la patrie ; nous serions bien coupables si, aveuglés par l'insouciance, ou guidés par des idées de désunion et de troubles, nous n'apportions pas notre concours au grand œuvre qui va s'accomplir. De la chambre législative dépendra, on n'en peut douter, la consolidation de nos institutions naissantes, et l'affermissement de la société sur ses nouvelles bases.

Le choix des représentants doit donc être en ce moment la grande affaire, l'affaire principale de tous. Ne nous laissons séduire ni par les professions de foi menteuses, ni par les fausses promesses. Nommons des hommes éprouvés, des hommes capables, des hommes dont les antécédents donnent des gages à l'avenir. Que tous les partis se réunissent, que les haines se taisent devant le salut de la France ! Ne songeons qu'à elle, ne songeons qu'à sa prospérité, à sa gloire !

Les intérêts particuliers doivent s'effacer devant l'intérêt général ; on y songera ensuite, car ils découlent tous de lui : si le gouvernement est fort et puissant, la nation tout entière est puissante et forte ; si la grande voix du pays se fait entendre en Europe par-dessus toutes les voix, le peuple, ce souverain nouveau, deviendra le roi du monde, ainsi que nos rois furent les premiers entre tous les rois.

La France marche à la tête de la civilisation ; l'équilibre du globe semble reposer sur elle. Dès qu'elle s'agite, tout s'agite ; elle dicte ses lois et ses volontés, tantôt par ses armées, tantôt par ses idées. Entre ses mains, la plume est aussi victorieuse que l'épée. Elle a troublé l'univers ; qu'elle lui rende la paix ; elle a montré aux autres peuples le chemin de la liberté ; qu'elle leur montre à présent à diriger cette liberté. Nous devons être calmes, dignes, tranquilles, comme tout ce qui est grand, tout ce qui est fort. Laissons les agitations aux insensés, aux faibles; consacrons notre droit par la manière dont nous saurons en user. Nous avons appelé au pouvoir, le 10 décembre, le neveu de celui qui nous plaça au-dessus de toutes les nations; entourons ce grand nom des autres noms de nos gloires, appelons auprès de lui les amis de l'ordre et du pays, et confions-nous à eux pour l'avenir de la patrie.

FIN.